Das Buch

Oft scheint es, als ob das »wahre Leben« an uns vorbei-
zieht. Wir sind so damit beschäftigt, bestimmte Rollen
und Erwartungen zu erfüllen, dass wir uns selbst darüber
zu verlieren drohen. Höchste Zeit, das Steuer wieder in
die Hand zu nehmen! Carolyn Boyes zeigt, wie wir in
einer Welt der vielen Möglichkeiten und Ablenkungen
unseren eigenen authentischen Weg finden. Mithilfe
leicht anwendbarer Selbsterforschungs- und Achtsam-
keitsübungen wird es möglich, dem Leben bewusst eine
neue Richtung zu geben. So können wir endlich aktiv
das Leben gestalten, das wir uns wünschen – in Einklang
mit unserem eigentlichen Wesen, unseren Talenten und
unserer ureigenen Bestimmung.

Die Autorin

Carolyn Boyes hilft seit mehr als 20 Jahren Menschen
dabei, ihrem Leben eine neue Richtung zu geben. In
ihrer Arbeit verbindet sie Selbsthilfe-Übungen aus der
Psychologie mit der Weisheit spiritueller Traditionen
als Weg zur Persönlichkeitsentwicklung. Sie hat bereits
mehrere Bücher zu den Themen Kommunikation
(NLP), seelische Entwicklung und zum Gesetz der
Anziehung verfasst. Die Autorin lebt in London.

Carolyn Boyes

Das kleine Buch vom bewussten Leben

Einfache Schritte zu mehr Leichtigkeit, Erfüllung und Freiheit

Aus dem Englischen übersetzt
von Karin Weingart

WILHELM HEYNE VERLAG
MÜNCHEN

Die Originalausgabe erschien 2019 unter dem Titel *The Little Book of Intentional Living* bei Gaia Books, einem Imprint von Octopus Publishing Group Ltd, Carmelite House, 50 Victoria Embankment, EC4Y 0DZ, England.

Die in diesem Buch vorgestellten Informationen und Empfehlungen sind nach bestem Wissen und Gewissen geprüft. Dennoch übernehmen die Autorin und der Verlag keinerlei Haftung für Schäden irgendwelcher Art, die sich direkt oder indirekt aus dem Gebrauch der hier beschriebenen Anwendungen ergeben. Bitte nehmen Sie im Zweifelsfall bzw. bei ernsthaften Beschwerden immer professionelle Diagnose und Therapie durch ärztliche oder naturheilkundliche Hilfe in Anspruch.

Sollte diese Publikation Links auf Webseiten Dritter enthalten, so übernehmen wir für deren Inhalte keine Haftung, da wir uns diese nicht zu eigen machen, sondern lediglich auf deren Stand zum Zeitpunkt der Erstveröffentlichung verweisen.

Verlagsgruppe Random House FSC® N001967

2. Auflage 2020

Taschenbucherstausgabe 05/2020

Copyright Design, Layout, Illustrationen © 2020 by Octopus Publishing Group
Text copyright © Carolyn Boyes 2020
© dieser Ausgabe 2020 by Wilhelm Heyne Verlag, München, in der Verlagsgruppe Random House GmbH, Neumarkter Straße 28, 81673 München
Alle Rechte sind vorbehalten. Printed in Germany.
Redaktion: Dr. Diane Zilliges
Umschlaggestaltung: Guter Punkt, München, unter Verwendung von Motiven von © izumikobayashi/GettyImages (Vogel) und
© WatercolorPeoniesFloral/The hungry JPEG (Blumen)
Designer and Illustrator: Abigail Read
Herstellung: Helga Schörnig
Satz: Vornehm Mediengestaltung GmbH, München
Druck und Bindung: Těšínská Tiskárna, Český Těšín
ISBN 978-3-453-70396-4
www.heyne.de

Inhalt

Einführung

Was versteht man unter »bewusst leben«? Ganz einfach: die gezielte Entscheidung für ein Leben in Harmonie und Übereinstimmung mit den eigenen Werten. Ein bewusstes Leben zu führen heißt, dass Sie wissen, was Ihnen wichtig ist, und entsprechend agieren.

Ist Ihnen je aufgefallen, wie schnell die Zeit vergeht? Bevor wir uns versehen, ist das Leben schon vorbei – ohne dass wir das, was wir sein und tun wollten, realisiert haben. Bewusst zu leben dagegen heißt, dass wir uns die Zeit nehmen, uns auf unsere Träume und Wünsche zu besinnen, dass wir beschließen, was wir tun und lassen möchten, und dann entsprechend leben, Tag für Tag. Diese Haltung entstammt spirituellen Traditionen, doch müssen Sie, um bewusst leben zu können, nicht spirituell sein.

Ein Leben, das vor allen *anderen* gefällt, fühlt sich nicht unbedingt gut an. Auch materieller Besitz ist kein Maßstab für Glück oder Erfüllung. Viele fühlen sich ständig gestresst oder unterfordert, sind weder voll präsent noch zufrieden mit dem Lauf, den ihr Leben nimmt. Aber das muss nicht so sein. Die Fähigkeit, bewusste Entscheidungen zu treffen, ist uns Menschen angeboren. Nutzen wir sie!

Gebrauchsanweisung für das Leben

Wäre es nicht toll, wenn es eine Gebrauchsanweisung für das Leben gäbe? Nun, es gibt sie tatsächlich: Wir nennen sie Intuition.

Wir sind heute so geschäftig wie nie. E-Mails, soziale Medien und andere Ablenkungen stehen für ein aktives, jedoch nicht unbedingt auch erfülltes Leben. Deshalb haben wir den Kontakt zu den wahrhaft bedeutsamen Dingen verloren. Man kann im Trubel leicht vergessen, sich zu fragen, was wirklich wichtig wäre. Aber genau solche Fragen stärken Sie. Sie verhelfen Ihnen zu Selbsterkenntnis und stellen sicher, dass Sie sich Ihrer persönlichen Gebrauchsanleitung bedienen, um die für Sie richtigen Entscheidungen zu treffen. Ein bewusstes Leben hilft Ihnen, auf Ihre Intuition zu hören, indem Sie sich die richtigen Fragen stellen und sich dann die Zeit nehmen, auf die Antworten zu lauschen.

> »Erforderlich ist das Erwachen nur in einem einzigen Moment: genau jetzt.«
>
> BUDDHA

Was verstehen wir unter einer Intention?

Eine Intention ist die kreative Kraft hinter jeder Veränderung. Alles beginnt mit einem Gedanken, einem Wunsch und einer Absicht, die die Richtung bestimmt. Ob Sie einen Berg besteigen, eine Stiftung gründen oder Gäste zum Essen einladen möchten: Am Anfang steht immer eine Absicht – eine vom Wunsch, etwas zu tun, beflügelte Entscheidung.

Eine Intention entsteht aus dem geistigen Bild eines – materiellen, spirituellen oder physischen – Wandels oder Zieles. Um die Absicht zu realisieren, müssen Fokussierung und Handeln hinzukommen. Wir können uns Absichten wie ein Zündholz zum Feuermachen vorstellen oder wie ein Samenkorn, das wir ausbringen. Wie hoch die Flammen schlagen und wie prächtig die Pflanze wächst, wissen wir meist nicht, aber wir vertrauen darauf, dass sich ein Resultat einstellen wird.

Die Vorteile des bewussten Lebens

In dem Moment, in dem Sie eine Absicht fassen, übernehmen Sie Verantwortung für das Resultat. Sie wissen, *warum* Sie tun, was Sie tun, und wenn's nicht funktioniert, nehmen Sie sich etwas anderes vor. Sie sind nicht mehr Opfer der Umstände.

Statt andere für sich entscheiden zu lassen, planen Sie selbst Ihr Schicksal und das, was Sie mit Ihrem Leben anfangen wollen. Letztlich sind dabei für die meisten nicht Besitz, Erfolg und Beifall wichtig, sondern Liebe und Zufriedenheit.

Absichten zu fassen lernt man schnell. In täglich nur fünf Minuten können Sie schon beginnen, Ihr ganzes Leben zu verändern. Sie sehen bereits die ersten Erfolge: Sie stehen mehr zu Ihren Entscheidungen, bekommen intensiver Kontakt zu Ihren Instinkten und werden gelassener.

Mithilfe der Meditationen und Visualisierungen in diesem Büchlein können Sie diese positiven Energien noch vergrößern.

Also: Lesen Sie weiter

In diesem kleinen Buch mache ich Sie mit Fragen, Anregungen und Übungen bekannt, die Sie nutzen können, um authentischere und durchschlagendere Entscheidungen zu treffen. Womöglich kann ich Ihnen auf diese Weise helfen, sich intensiver mit dem Leben in seiner ganzen Tiefe und Breite zu verbinden. Ich möchte Ihnen ein ganzes Set an Möglichkeiten an die Hand geben, die Sie durchspielen können, um die Richtung Ihrer Reise zu bestimmen.

Sie können das Buch entweder ganz durchlesen oder sich den Kapiteln nach instinktivem Gutdünken widmen. Bei einem zweiten Lesen ergeben sich dann oft noch einmal ganz neue, tiefere Einsichten.

Ich wünsche mir, dass Sie auf unserer gemeinsamen Reise eine Quelle für Glück, Liebe, Gelassenheit und Erfüllung finden, von der Sie bis zu Ihrem Lebensende profitieren können.

1. Achtung!

»Glück ist, wenn Denken, Sprechen
und Tun in Einklang sind.«

MAHATMA GANDHI

Nehmen Sie Ihr Leben in die Hand

Sie erinnern sich bestimmt noch an die kindliche Vorfreude, mit der Sie früher Jahr für Jahr Ihren Geburtstagsgeschenken entgegensahen? Was wird's wohl diesmal geben? Genau so fühlt sich bewusstes Leben an: Veränderungen stehen ins Haus.

Doch jetzt sind schenkende und beschenkte Person ein und dieselbe: Sie selbst.

Also machen Sie sich bereit. Seien Sie gespannt, wie sich Ihr Leben entwickelt und was es Ihnen alles bringen wird. Denn es kann ganz großartig werden.

Viel Glück?

Lief bei Ihnen schon einmal alles so rund, dass Sie sich sagten: »Was hab' ich für'n Glück!« Oder: »Ob diese Glückssträhne wohl anhält?« Vielleicht haben Sie aber auch schon mal gedacht: »Warum die anderen bloß immer so'n Glück haben?« Oder: »Wär ich doch nur auch so ein Glückspilz wie So-und-so.«

Glück ist super, solange es anhält. Letztlich glaube ich aber, dass uns das Vertrauen auf Glück schwächt. Denn wer auf Glück setzt, meint ja im Grunde, nicht er selbst habe sein Leben in der Hand, sondern irgendeine Macht, über die er keine Kontrolle hat. Wer dagegen bewusst lebt, ist der Schmied seines eigenen Glücks. Ein solches Denken erfordert Mut, aber es lohnt sich. Alles, was Sie sind, hat Sie hierhergebracht, in diesen Moment der Veränderung.

Bevor Sie mit dem bewussten Leben anfangen, sollten Sie unbedingt die Person, die Sie heute sind, besser kennenlernen: Sie sollten darauf achten, was Ihnen wirklich wichtig ist, sich selbst feiern, entdecken, woran Sie glauben und was Sie verändern möchten. Mit all dem können Sie dann über Ihre Zukunft befinden.

Achtung!

Ihre vier ICHs

Wir alle tragen Masken und enthüllen den Menschen, denen wir vertrauen, nur ganz allmählich unser wahres Gesicht. Auf der nächsten Seite befassen wir uns daher mal mit den vier Versionen, mit denen Sie in der Welt sind.

»Ein Leben, das nicht kritisch untersucht wird, ist es nicht wert, gelebt zu werden.«

SOKRATES

1. »Das ICH, das Ihre Bekannten kennen.« Am Anfang zeigen wir Leuten eine »zensierte«, oft auf Wirkung bedachte Version unserer selbst, weil wir einen guten Eindruck machen wollen.

2. »Das ICH, das Ihre Freunde und Angehörigen kennen.« In dieser Version von sich zeigen Sie schon einige Schwächen und Verletzlichkeiten.

3. »Das ICH, das nur Sie selbst kennen.« Diese Version möchten Sie anderen lieber nicht zumuten.

4. »Das ICH, das selbst Sie noch nicht kennen.« Ganz kennt sich niemand. Im Laufe des Lebens und bei der Selbsterkundung entdecken wir Dinge, die uns bislang entgangen sind. Mit zunehmender Lebenserfahrung lernen wir uns besser kennen.

Die Aktivitäten, die ich Ihnen im Folgenden vorstelle, dienen dazu, Ihnen selbst und womöglich auch anderen mehr über Ihre Person zu enthüllen, Ihre Neugier auf sich zu steigern und Sie zu einem authentischen Leben anzuregen.

Die Geschichte Ihres Lebens

Fangen wir ganz von vorn an – bei Ihren Anfängen, will heißen: in Ihrer gegenwärtigen Situation. Was sagen Sie, wenn sich jemand nach Ihrer Lebensgeschichte erkundigt? Welche Antworten geben Sie auf die folgenden Fragen?

- Haben Sie das Gefühl, ein sinnvolles Leben zu führen?

- Haben Sie das Leben, das Sie führen, selbst gewählt oder andere darüber entscheiden lassen?

- Ist Ihnen bewusst, welche Prioritäten Sie setzen?

- Wird Ihre Lebensführung diesen Prioritäten gerecht?

- Würden Sie Ihre Lebensgeschichte ändern, wenn Sie könnten?

Wahrer Erfolg

Denken Sie an erfolgreiche Menschen, die der Welt
ihren Stempel aufgedrückt haben. Sie meinen vielleicht,
dass sie ihr ganzes Leben reichlich Unterstützung hatten
und ihnen ein erfülltes Leben quasi in die Wiege gelegt
wurde. Oft trifft aber genau das Gegenteil zu.

Viele der Menschen, zu denen wir heute aufsehen, sind
in Armut oder in elenden Lebensverhältnissen aufge-
wachsen. Winston Churchill ist als Kind vernachlässigt
worden, Maya Angelou wurde vergewaltigt und war
Opfer rassistischer Vorurteile. Florence Nightingale
litt unter Depressionen. Ihnen allen gemein war eine
enorme Resilienz – Widerstandskraft – und die Ent-
schlossenheit, ihr Leben selbst in die Hand zu nehmen.

Sicher werden wir nicht alle die Welt so entschei-
dend verändern. Und es will ja auch nicht jede(r).
Doch bedeutsam ist jedes Leben. Wir alle haben eine
bestimmte Zeit zur Verfügung, in der wir etwas bewir-
ken können – für uns selbst und für andere. Jedes Leben
kann einen Sinn haben, wenn wir bewusst überlegen,
was wirklich von Bedeutung ist.

Ihr Einfluss auf die Welt

Wenn Sie Ihr Leben lang täglich mit nur einem Menschen in Kontakt kommen, begegnen Sie insgesamt Zehntausenden. Demnach können Sie gar nicht *keinen* Einfluss haben. Allein mit Ihrer Präsenz wirken Sie schon auf die Welt ein.

Der Filmklassiker »Ist das Leben nicht schön?« illustriert das. George Bailey, die lebensmüde Hauptfigur, bekommt darin von seinem Schutzengel gezeigt, wie es ohne ihn um seine Heimatstadt bestellt wäre. So erfährt er, dass jeder Mensch, ohne es zu wissen oder zu wollen, das Leben vieler anderer berührt.

Wir kennen die Lücke nicht, die entstünde, hätten wir nie gelebt. Doch wir können uns bewusst dafür entscheiden, Verantwortung für unser Denken und Handeln zu übernehmen, und so leben, wie es anderen nicht weniger nützt als uns selbst.

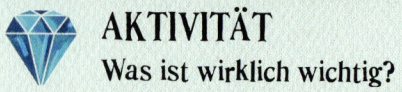

AKTIVITÄT
Was ist wirklich wichtig?

Die folgende Übung hilft Ihnen zu erkennen, was *momentan* für Sie wichtig ist. Was möchten Sie verändern und was in der jetzigen Form beibehalten? Indem sie den ganzen Krach und das mentale Geplapper ausblendet, unterstützt Sie die Übung dabei, sich auf das – für Sie – Wesentliche zu konzentrieren.

Bei der Beantwortung der folgenden Fragen (und aller anderen Fragen in diesem Buch) ist Ehrlichkeit sich selbst gegenüber von entscheidender Bedeutung. Die Antworten, die Sie geben, muss nie jemand erfahren.

Überdenken Sie die verschiedenen Bereiche Ihres Lebens:

- Familie
- Beziehungen
- Beruf und Karriere
- Sozialer Wirkungskreis
- Persönliche Entwicklung
- Spirituelle Entwicklung
- Sonstiges

Beginnen Sie, sich Ihre Ideen zu den einzelnen Lebensbereichen zu notieren, und nutzen Sie dafür die Fragen auf der gegenüberliegenden Seite als Orientierungshilfe.

Womit möchte ich gern ...

- ... aufhören?

- ... anfangen?

- ... weitermachen?

- Wovon möchte ich gern mehr erleben?

- Wie werde ich mich fühlen, wenn ich die entsprechenden Veränderungen in die Wege leite?

Sein, tun, haben

Die meisten von uns gehen das Leben mit einer HABEN-TUN-SEIN-Mentalität an: »Sobald ich genug Zeit HABE, TUE ich alles, worauf ich Lust habe, und dann werde ich auch glücklich SEIN.« Das Problem dabei: Sie warten dann immer darauf, dass sich für Sie etwas ändert – ähnlich wie andere auf Glück hoffen.

Der bewusste, auf einer Intention beruhende Ansatz lautet: Wer werde ich SEIN, wenn ich mein Ziel erreicht habe? Indem Sie so tun, als wären Sie diese Person bereits, TUN Sie auch, was diese Person tun würde, und bekommen, was Sie HABEN möchten.

Überlegen Sie, was zu SEIN, zu TUN oder zu HABEN Ihnen wichtig ist. Betrachten Sie dabei Ihre Listen der vorigen Seiten und beantworten Sie die folgenden Fragen:

- ◈ Was meine ich damit *genau*? (Je präziser, desto besser.)

- ◈ *Warum* ist mir das so wichtig?

- ◈ Was davon ist für mich von entscheidender Bedeutung?

- ◈ Und was passiert, wenn all das Teil meines Lebens geworden ist?

Warum Überzeugungen das Leben kreieren

Glauben Sie, dass Sie Ihr Leben ändern können? Dass Sie in der Lage sind, sich an die Regeln zu halten, die Sie aufstellen? Dass es in Ordnung ist, sich an die eigenen Regeln zu halten?

Sie können nur das erschaffen und verändern, wovon Sie überzeugt sind, es erschaffen oder verändern zu können.

- Unsere Überzeugungen formen unsere Gedanken.

- Auf unserem bewussten oder unbewussten Denken beruhen unsere Worte und Taten.

- Unser tägliches Handeln wird nach einiger Zeit zur Gewohnheit.

Sie formen Ihren Charakter Ihren Worten, Handlungen und Gewohnheiten gemäß und beurteilen sich (wie auch andere) entsprechend. Die Person, zu der Sie werden, gestaltet wiederum Ihr Schicksal. Seien Sie also vorsichtig, was Sie glauben und denken. Sollte sich Ihr Schicksal in eine Richtung entwickeln, die Ihnen nicht gefällt, ist es an der Zeit, Ihre Gedanken und Absichten und damit auch Ihr Handeln, Ihre Sprache, Ihren Charakter und Ihr Leben zu verändern.

Sieben Überzeugungen für ein bewusstes Leben

Überzeugungen können entweder stärkend oder schwächend wirken. Geben Sie also am besten den folgenden sieben stärkenden Überzeugungen den Vorzug.

1. *Sie haben die Kraft in sich.* Die Kraft, Ihr Leben mithilfe Ihrer Gedanken und Absichten zu verändern.

2. *Sie haben alle Talente und Ressourcen, die Sie aktuell brauchen.* Jede Veränderung beruht auf Absichten, die Sie heute fassen. Die Vergangenheit sagt nichts über Ihre Zukunft aus.

3. *Ihre Überzeugungen werden für Sie zu Wahrheiten.* Ihre Absichten erschaffen die Wirklichkeit, und Sie erschaffen das, worauf Sie sich fokussieren. Veränderte Resultate beruhen auf bewusst gefassten Absichten.

4. *Grenzen existieren nur in Ihrem Kopf.* Ändern Sie Ihre Einstellung und Sie werden neue Erfahrungen machen.

5. *Das Ergebnis Ihrer Absichten zeigt Ihnen, wer Sie wirklich sind.* Falls Sie sich nicht das Leben erschaffen, das Sie sich wünschen, sollten Sie Ihre Intentionen ändern.

Achtung!

6. *Menschen treffen immer die besten Entscheidungen, die sie zu einem gegebenen Zeitpunkt treffen können.* Wir sind nicht perfekt und es spielt keine Rolle, sollten Sie es sich später anders überlegen. Lernen gehört zum Leben dazu.

7. *Wer am flexibelsten ist, erzielt die besten Resultate.* Überprüfen und erneuern Sie Ihre Absichten regelmäßig. Überlegen Sie immer wieder, was Ihnen wirklich wichtig ist. Letztlich ist alles Leben Resonanz.

2. Entdecken

»Alles ruht auf der Nadelspitze
einer Absicht.«

Erkennen Sie Ihre Lebensaufgabe

Bewusst zu leben stellt einen Prozess der Selbsterkenntnis dar, in dem Sie zielsicher entscheiden, was Ihnen Freude macht, Gelassenheit schenkt und Ihre Existenz mit Sinn erfüllt.

Viel Zeit verbringen wir Menschen mit der Erfüllung unserer Grundbedürfnisse – Essen, Obdach und allgemein Überleben. Sind wir dauerhaft satt und sicher, wird unser Leben hohl und inhaltsleer. Es sei denn, wir finden heraus, was uns wichtig ist, und handeln entsprechend. Anderenfalls kann es noch so viel Geld, Macht oder Einfluss regnen – das Leben bleibt unbedeutend.

Vorzeiten traf ich ein Paar, das in dreißig Jahren Hunderte Pflegekinder aufgenommen hatte. Die beiden waren weder reich noch berühmt, doch führten sie ein erfülltes Leben. Sie hielten sich für egoistisch, weil sie so viel Liebe zurück bekamen, gaben aber alles, was sie hatten, an andere weiter.

Eine Lebensaufgabe ist ein Riesengeschenk. Denn die größten Geschenke sind die, die sich teilen lassen – wie die Liebe.

Die Geschenke, die ein bewusstes Leben im Gepäck hat

Ein bewusstes, zielgerichtetes Leben dürfte Ihnen positive Gefühle schenken, zum Beispiel:

- Freude
- Erfüllung
- Glück
- Dankbarkeit
- Heiterkeit
- Seligkeit
- Gelassenheit
- Harmonie
- Ehrfurcht
- Motivation
- Liebe

Von welchen Gefühlen können Sie gar nicht genug bekommen?

Was wäre das schönste Gefühl, das Sie sich vorstellen können?

Notieren Sie sich alles, was Ihnen dazu einfällt. Gehen Sie davon aus, dass Ihnen Leben und Universum alles Schöne gönnen, Sie brauchen sich also nicht einzuschränken. Nehmen Sie die Liste oft zur Hand und ergänzen Sie sie, wann immer Sie mögen.

Wie kann ich der Welt dienen?

Setzen Sie positive Energie in die Welt und Sie werden sie hundertfach zurückbekommen.

Aber wie möchten Sie etwas geben? Und was überhaupt?

Möchten Sie etwas für die Umwelt tun? Für Ihre Nachbarn? Möchten Sie Ihrer Familie mehr Liebe und Mitgefühl schenken? Möchten Sie Menschen Freude bereiten und sie zum Lachen bringen? Sich ehrenamtlich engagieren? Geld Spenden?

Mein Lebensziel

Wir treffen täglich Entscheidungen. Blicken wir zehn Jahre später auf sie zurück, stellen sich viele als weniger sinnvoll heraus. Der Trick besteht darin, etwas möglichst Großes zu finden, das Ihr Leben langfristig zum Besseren verändert, und sich dann voll darauf zu konzentrieren.

Suchen Sie sich also ein ruhiges Plätzchen und fragen Sie sich:

◆ Was ist mein größter Herzenswunsch?

◆ Was möchte ich am liebsten zum Ausdruck bringen?

◆ Welches sind die Prioritäten für meinen nächsten Lebensabschnitt?

◆ Wie würde ein Leben aussehen, das diesen Prioritäten entspricht?

Überlegen Sie nun, wie sich dies in ein Ziel ummünzen lässt, an dem Sie Ihr Leben orientieren können:

◆ Was wäre das Wichtigste, worauf ich hinarbeiten könnte, um meinem Leben einen Sinn zu geben?

♦ Wie kann sich diese Sinnhaftigkeit im Alltag manifestieren?

Sollten Sie sich nicht sicher sein, fragen Sie sich:

♦ Was genau könnte ich tun, um die Welt zu verbessern?

Ihre Ideen werden mehr oder weniger ausgegoren sein. Aber egal, an welchem Punkt Ihre Überlegungen angelangt sind: Für den Moment sind sie genau richtig. Die nächsten Übungen werden Ihnen helfen, sich mehr auf die wirklich wichtigen Dinge zu konzentrieren. Sie können sie alle durchführen oder sich die herauspicken, die Ihnen am meisten zusagen.

Ihr ideales Ich

Wir alle haben eine Vorstellung von unserem idealen Ich im Kopf. Dieses ideale Ich bedient sich täglich der Geschenke, die ihm das Leben macht, und zeigt sich anderen gegenüber von seiner großzügigen Seite. Wie sieht Ihr ideales Ich aus?

Dass Sie Ihr ideales Ich noch nicht realisiert haben, liegt nur daran, dass Sie noch nicht so agieren. Womöglich verlassen Sie nie Ihre Komfortzone. Vielleicht meinen Sie auch, eine Veränderung sei der Mühe nicht wert. Oder Sie haben sich einfach noch nicht klargemacht, dass Sie etwas verändern *können*. Die Chance, eine andere Richtung einzuschlagen, besteht im Leben immer. Auch jetzt. In diesem Moment.

Wie wird Ihr Leben aussehen, sobald Sie zur besten Version Ihrer selbst geworden sind?

Was müssen Sie verändern, um Ihr ideales Ich zu realisieren?

Welchen Schritt werden Sie als ersten unternehmen, um Ihr ideales Ich anzunehmen?

Ihr idealer Tag

Ob etwas das Richtige für Sie ist, finden Sie heraus, indem Sie sich die künftigen Tage, Wochen und Monate Ihres neuen Lebens vor Augen führen, als wäre es bereits Wirklichkeit.

Malen Sie sich ein sinnvolles Leben aus.

- Wo befinden Sie sich? Wie sieht Ihre Wohnung aus?
- Wann stehen Sie auf?
- Was sagen Sie sich? Wie sprechen andere mit Ihnen?
- Wen treffen Sie tagsüber alles?
- Was fangen Sie im Einzelnen mit Ihren Tagen an?
- Wie steht es um Ihre Gesundheit?
- Haben Sie mehr zu tun als bisher oder weniger?
- Welche Veränderung ist die größte? Was ist gleich geblieben?
- Wie fühlen Sie sich?

Notieren Sie alles, was Ihnen dazu in den Sinn kommt.

Sie selbst mit hundert Jahren

Bei dieser Aufgabe verbinden Sie sich mit Ihrem »zukünftigen Fantasie-Ich«, das Ihnen den Zugang zu Ihrem Unbewussten und Ihrer Intuition eröffnen kann.

Sorgen Sie dafür, dass Sie nicht gestört werden, und setzen Sie sich ruhig hin. Stellen Sie sich nun sich selbst mit hundert vor. Hinter Ihnen liegt ein langes, glückliches und erfülltes Leben. Sie haben die Welt positiv beeinflusst. Was hat Ihnen am meisten Freude gemacht? Welches Geschenk haben Sie der Welt gemacht? Wofür wird man Sie in Erinnerung behalten? Schreiben Sie alles auf.

Stellen Sie sich vor, Sie könnten sich als Ihr zukünftiges Ich mit Ihrem jetzigen unterhalten. Was würden Sie Ihrem jüngeren Ich empfehlen, zu lernen oder in Erfahrung zu bringen?

Stellen Sie sich nun einen Weg vor, der von Ihrem jüngeren zu Ihrem künftigen Ich führt, und pflastern Sie ihn mit Steinen, die für je eine Absicht oder Handlung stehen.

Schreiben Sie mindestens drei Schritte auf, die Sie zu diesem erfüllten hundertjährigen Ich führen.

Mein virtueller Mentor

Einen echten Mentor, der uns Orientierungshilfe geben kann, haben wir nicht alle, ein imaginärer aber kann genauso effektiv sein. Stellen Sie sich jemanden mit lauter Eigenschaften vor, die Sie bewundern. Stellen Sie der oder dem Betreffenden dann Ihre Fragen. Was würde die Person antworten?

Sie müssen sie übrigens nicht persönlich kennen. Es kann sich genauso gut um eine Führungskraft oder einen Star auf irgendeinem Gebiet handeln, um eine historische Gestalt oder sogar eine Romanfigur, die Sie für ihre Leidenschaft und ihr Engagement bewundern.

Wann immer Sie einen Mentor brauchen, stellen Sie sich vor, die betreffende Person sitze vor Ihnen. Welchen Rat gibt sie Ihnen? Welche Weisheit teilt sie mit Ihnen?

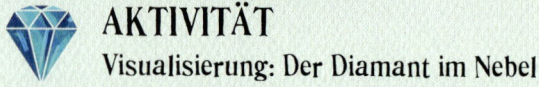

AKTIVITÄT
Visualisierung: Der Diamant im Nebel

Diese Visualisierung regt die Fantasie an und lässt
Ihre rechte – kreative – Gehirnhälfte ihren Teil zur
Gestaltung Ihrer Zukunft beitragen. Positive Bilder,
die vor Ihrem geistigen Auge vorbeiziehen, können
Ihnen klarmachen, was Sie wirklich wollen, und Sie
motivieren, auf Ihre Ziele hinzuarbeiten.

1. Stellen Sie sich vor, ein starkes Teleskop zu besitzen.
   Wenn Sie hindurchschauen, sehen Sie in der Ferne
   einen kostbaren Diamanten in der Sonne funkeln. Sie
   wissen, dass er das wertvollste Objekt der Welt ist,
   und ihn zu betrachten fühlt sich wunderbar an. Doch
   um sich ihm nähern zu können, müssen Sie einen
   breiten Fluss überqueren und einen Berg bezwingen.

2. Gerade als Sie zu der Reise aufbrechen wollen, senkt
   sich dichter Nebel herab, sodass Sie weder den Diamanten sehen können noch die Hindernisse auf dem
   Weg zu ihm hin. Aber Sie wissen, dass Sie den Stein
   trotzdem erreichen können, und sind bereit, alles
   dafür zu tun.

3. Und deshalb beginnen Sie die Reise voller Glücksgefühle, bereit, alle Hürden zu überwinden, denen Sie während des Abenteuers begegnen.

Was macht Ihren Diamanten aus? Was ist so bedeutsam für Sie, dass Sie unbedingt dranbleiben, auch wenn Sie zeitweise im Nebel stecken bleiben?

3. Präsent sein

»Unser Vorstellungsvermögen
ist die Kunst, das
Unsichtbare zu sehen.«

JONATHAN SWIFT

Konzentrieren Sie sich auf Ihre Absichten

Wir leben in einer lauten, geschäftigen Welt. Da hilft es, sich den Ablenkungen auch einmal zu entziehen und Zeit zu finden, um der Intuition nachzugehen. Dabei können wir schauen, was für unser persönliches Wohlbefinden wirklich wichtig ist, und zwar nicht nur heute, sondern auch in der Zukunft.

Ruhe, Achtsamkeit oder auch Meditieren führt in den Alphazustand leichter Entspannung, in dem man besonders gut Zugang zur eigenen höheren Wahrheit findet und wahrhaft präsent sein kann. In diesem Zustand können wir an Weisheit hinzugewinnen und tragfähige Absichten fassen.

Meditation, Achtsamkeit und das Visualisieren sind im Grunde nur verschiedene Worte für ein und dieselbe Praxis. Dabei kommt man einen Moment lang zur Ruhe, entspannt sowohl geistig als auch körperlich und atmet tiefer, während man sich auf etwas Bestimmtes fokussiert. Die Grundlagen sind leicht zu erlernen. Manche Meditationen werden zu Musik durchgeführt, einige im Stehen, andere im Liegen. All das funktioniert. Am besten, Sie experimentieren ein wenig, um herauszufinden, was Ihnen am meisten zusagt.

Vom Nutzen der Stille

Um meditieren zu können, müssen Sie weder religiös noch spirituell sein. Die meisten spirituellen Richtungen wissen allerdings bereits seit Jahrtausenden um den Nutzen des Still- und Ruhigwerdens.

Huna ist eine metaphysische Weisheitslehre, die auf hawaiianische Praktiken zurückgeht und auf der auch meine Überzeugungen beruhen. Es ist eine von vielen Traditionen, denen zufolge das Eintreten in den meditativen Zustand einen Kanal zwischen dem Höheren Selbst und dem Unbewussten öffnet. Das führt zu größerer Selbsterkenntnis und höheren Einsichten.

Dass Meditieren guttut, ist wissenschaftlich erwiesen. Die Vorzüge eines regelmäßigen Eintretens in den Alphazustand sind: größere Klarheit, weniger Stress und eine gelassenere Sicht auf das Leben. Sobald wir still werden, vertieft sich die Atmung, was sich positiv auf die Gesundheit auswirkt. Atmen ist Energie. Beim Einatmen nehmen Sie neue Energie auf, beim Ausatmen lassen Sie Stress los. Viele glauben sogar, dass Meditieren den Alterungsprozess hinauszögert.

Einen inneren Raum der Stille schaffen

Im Hinblick auf das bewusste Leben können Sie die stille Ruhe nutzen, um sich von den Geräuschen und Ablenkungen des Alltags zu befreien und herauszufinden, was für Sie wichtig ist. Sie können einen inneren Raum der Stille erschaffen, um Absichten zu fassen und immer neu zu überprüfen. In diesem Kapitel zeige ich Ihnen verschiedene Praktiken, die Sie zum Fokussieren nutzen können, um aufgeschlossener und gelassener zu werden und Zugang zu Ihrer inneren Weisheit zu finden.

AKTIVITÄT
Den Atem beobachten

Im geschäftigen Alltag neigen die meisten dazu, nicht tiefer als in die Brust zu atmen. Kurz innezuhalten und den Atem zu beruhigen hilft dabei, mit ihm bis in den Bauch zu kommen. Das entspannt den ganzen Körper. Im Moment zu sein, das beginnt mit gesundem Atmen.

Die folgende Übung können Sie täglich so oft und so lange durchführen, wie Sie mögen. Je mehr Achtsamkeit Sie der Atmung widmen, desto größer ist Ihre Chance, mehr in Kontakt mit sich selbst zu kommen.

1. Stellen oder setzen Sie sich ruhig hin.

2. Schließen Sie den Mund und atmen Sie durch die Nase ein und aus.

3. Konzentrieren Sie sich auf Ihre Nase und Ihre Atmung. Beobachten Sie, wie die Luft in Ihren Körper eindringt und ihn wieder verlässt. Sie müssen sonst nichts tun, nur beobachten.

4. Spüren Sie, wie Ihr Geist zur Ruhe kommt, während sich Ihr Körper entspannt. Genießen Sie die positiven Gefühle, die sich einstellen. Und genießen Sie die Ruhe. Solange Sie mögen.

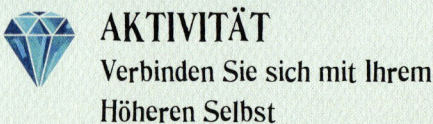

AKTIVITÄT
Verbinden Sie sich mit Ihrem Höheren Selbst

Das dritte Auge zu öffnen ist eine Möglichkeit, sich mit Ihrer inneren Weisheit zu verbinden – mit dem, was in einigen Traditionen als »Höheres Selbst« bezeichnet wird. Das dritte Auge (auch als »inneres Auge« bezeichnet) liegt zwischen den Brauen und ist auch der Sitz eines Energiewirbels, des sechsten Chakras.

Aktivieren Sie dieses Energiezentrum regelmäßig, dann verbessert sich Ihre Intuition. Um eine neue Gewohnheit zu etablieren, meditieren Sie im Idealfall täglich zur selben Zeit. Mit etwas Übung schaffen Sie bald locker zehn bis fünfzehn Minuten.

1. An einem Ort, an dem Sie nicht gestört werden, setzen Sie sich gerade aufgerichtet mit gekreuzten Beinen auf den Boden. Oder auf einen Stuhl – die Füße sind dabei fest auf der Erde. Die Hände liegen im Schoß, die Handflächen zeigen nach oben.

2. Schließen Sie die Augen. Entspannen Sie sich. Um in die Bauchatmung zu gelangen, atmen Sie dreimal sehr langsam durch die Nase ein und aus.

3. Hinter weiterhin geschlossenen Lidern schauen Sie zu Ihrem dritten Auge hoch und fokussieren sich sanft darauf. Am Anfang nehmen Sie vielleicht nur Dunkelheit wahr, dann sehen Sie eventuell ein weißes oder lila Licht oder ein Bild. Das bedeutet, dass Ihr drittes Auge nun aktiviert ist.

Laotse

Eines meiner Lieblingsgleichnisse stammt von dem chinesischen Weisen Laotse, der überzeugt war, dass alles Weiche das Harte besiegt. Demnach werden große, mächtig wirkende Bäume vom Wind gefällt, während ein weicher Grashalm nachgibt und überlebt.

Genau diese Haltung sollten auch wir an den Tag legen: Beim bewussten Leben geht es darum, weich zu sein, und nicht um Härte oder Willenskraft um jeden Preis.

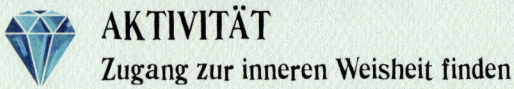

AKTIVITÄT
Zugang zur inneren Weisheit finden

Mithilfe dieser einfachen Methode können Sie sich innerhalb weniger Minuten darin üben, Zugang zu Ihrer Intuition zu finden.

1. Setzen oder legen Sie sich an einem Plätzchen hin, an dem Sie nicht gestört werden.

2. Atmen Sie dreimal sehr langsam durch die Nase ein und aus.

3. Relaxen Sie. Das geht zum Beispiel, indem Sie sich von den Fußspitzen bis zum Scheitel hocharbeiten und dabei jedes Körperteil einzeln bewusst an- und wieder entspannen. Ballen Sie also Ihre Fußzehen so fest es geht und lassen sie dann los. Weiter geht es mit Waden, Oberschenkeln, Bauch, Brust, Armen, Händen und dem Gesicht. Irgendwann werden Sie ganz locker sein – am ganzen Körper.

4. Nun stellen Sie sich vor, zehn Stufen hinabzugehen. Entspannen Sie sich mit jedem Schritt, mit jedem Atemzug etwas mehr.

5. Am Fuß der Treppe findet sich eine Tür. Dahinter liegt ein kleines Heiligtum – der entspannendste Ort der Welt: ein Strand vielleicht, ein Garten oder

auch ein Wald. Sie entscheiden. Achten Sie auf die schönen Gerüche und Klänge.

6. Bleiben Sie dort, solange Sie mögen, und entspannen Sie sich immer mehr. In Ihrer Fantasie können Sie, wenn Sie mögen, im Sand spielen, Blumen anpflanzen oder auch einen Baum.

7. Wenn Ihnen danach ist, können Sie um eine Botschaft bitten.

8. Stellen Sie sich in der Ferne ein Licht vor und gehen Sie darauf zu. Baden Sie in seinem herrlich warmen, vibrierenden Strahlen, das Sie mit Freude und Glücksgefühlen erfüllt.

9. Sie sehen nun ein Geschenk, das hier auf Sie gewartet hat. Nehmen Sie es in dem Wissen an, dass Ihre Intuition Ihnen seine Bedeutung entschlüsseln wird – entweder jetzt gleich oder in der Zukunft.

10. Sobald Sie so weit sind, verlassen Sie den Ort, schließen die Tür hinter sich und wissen, dass Sie das Licht bis zum Ende des Tages oder auch länger bei sich tragen werden.

4. Wertschätzen

»Unsere Gedanken sind das Einzige im gesamten Universum, über das wir die Kontrolle haben.«

RENÉ DESCARTES

Akzeptieren Sie Ihre Vergangenheit

Sie – und alle anderen auch – haben ein sinnvolles Leben verdient, ein Leben, das Freude und Segen in die Welt bringt. Denn ein glückliches, erfülltes und harmonisches Leben ist Teil des Geschenks, das das Universum jedem Menschen mit seiner Geburt macht.

Vielleicht war Ihre Vergangenheit nicht ganz so super: Womöglich hatten Sie eine unglückliche Kindheit, waren krank, litten unter Schmerzen oder mangelnder Liebe. Das Leben ist voller Stolpersteine, doch verfügen wir Menschen über die Fähigkeit, vergessen zu können, was war, für alles dankbar zu sein, was wir gelernt haben, und gezielt weiterzumachen.

Sobald Sie Ihre Vergangenheit *wirklich* loslassen, trüben Sie Ihre Zukunftsabsichten nicht mehr mit Schmerz aller Art, sondern brechen ohne Ballast zu einer ganz neuen Reise auf.

Das Geschenk der Dankbarkeit

Dankbarkeit ist eines der größten Geschenke, die Sie sich machen können. Ein dankbares Herz ist glücklich und offen für Chancen. Und diese tun sich umso zahlreicher für Sie auf, je mehr Sie sich auf das Gute in Ihrem Leben fokussieren.

Bei der nächsten – schönen oder unerfreulichen – Erfahrung, die Sie machen, halten Sie inne, atmen Sie durch und sagen Sie sich: »Danke. Danke für diese lehrreiche Erfahrung.«

Mit diesem einfachen Ritual wirken Sie so auf Ihr Bewusstsein ein, dass Sie Erlebtes nicht mehr gut oder schlecht finden, sondern einen Segen darin sehen, weil es Ihnen hilft, Ihre Ziele zu definieren und sich weiterzuentwickeln.

Das Leben ist eine Aneinanderreihung von Entscheidungen. Die Menschen und Umstände, mit denen Sie es zu tun bekommen, können Sie zwar nicht wählen, wie Sie aber darauf reagieren, liegt ganz in Ihrer Hand. Nicht umsonst sagt man ja auch: »Die Vergangenheit ist vorbei. Beeinflussen können wir nur Gegenwart und Zukunft.« Wie wahr! Jeder Schritt, den Sie machen, bringt Sie in eine bestimmte Richtung. Welche das ist, bestimmen Sie ebenso wie Ihre Aktionen und Reaktionen. Genau darum geht es beim bewussten Leben. Wer sich proaktiv für alle Aspekte seines Lebens dankbar zeigt, ist den Unbilden des Schicksals nicht länger hilflos ausgeliefert, sondern hat die Kontrolle über seine Reaktionen. So können auch Sie bewusst entscheiden und alle Erfahrungen, die Sie machen, zum Aufbau eines bedeutsamen, harmonischen Lebens nutzen.

»Denke lieber an das, was du hast, als an das, was dir fehlt! Suche von den Dingen, die du hast, die besten aus und bedenke dann, wie eifrig du nach ihnen gesucht haben würdest, wenn du sie nicht hättest.«

MARC AUREL

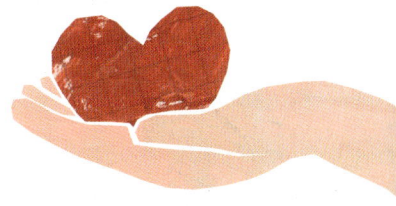

Dankbarkeitstagebuch

Zahlreiche Studien belegen den Nutzen eines
Dankbarkeitsjournals. Menschen, die sich aktiv in
Dankbarkeit üben, sind optimistischer und in jeder
Hinsicht gesünder. Zudem konzentrieren sie sich
eher auf das Positive in ihrem Leben.

Denken Sie jetzt einmal in Ruhe über Ihren Tag nach.

◈ Überlegen Sie sich mindestens fünf Dinge, für
die Sie am heutigen Tag dankbar sind. Es können
Menschen, Gegenstände oder Ereignisse sein.

◈ Was haben Sie dazu beigetragen, dass diese guten
Dinge geschahen oder Teil Ihres Lebens sind?

◈ Schreiben Sie auf: »Ich bin dankbar für …«, und
notieren Sie alles, was Ihnen an Positivem einfiel.

◈ Denken Sie dann an die verschiedenen Bereiche
Ihres Lebens: an für Sie wichtige Menschen und
Orte sowie daran, was Sie tun, haben und sind.

◈ Fragen Sie erneut: Wofür sind Sie dankbar? Was
haben Sie selbst zu diesen Dingen beigetragen oder
dafür, dass sie in Ihrem Leben sind?

◈ Schreiben Sie auf: »Ich bin dankbar für …«, und
notieren Sie auch all diese Punkte.

Schreiben Sie einen Brief

In unserer digitalen Zeit mit ihren E-Mails, dem Instant-Messaging und den ganzen Emojis ist Handschriftliches selten geworden. Mit der Hand zu schreiben macht Mühe. Und solche Zeilen zeigen deshalb, wie wichtig Ihnen der Empfänger ist.

Wie wäre es? Hätten Sie Lust, einer Person, die besonders nett zu Ihnen war, einen Brief oder eine Karte zu schreiben? Sie könnten Ihrer Dankbarkeit damit gezielt Ausdruck verleihen.

Überlegen Sie, wem Sie dankbar sind. Was genau hat die Person für Sie getan? Teilen Sie es ihr mit und erklären Sie ihr, was daran so wichtig für Sie war. Wenige Zeilen können schon genügen, ihr Herz zu erwärmen.

Vergeben Sie

Vergebung alter Verletzungen und die Akzeptanz von Verlusten, das macht uns stark. Wie uns der römische Kaiser Marc Aurel im 2. Jahrhundert ins Stammbuch schrieb, vermag uns nichts Unangenehmes zu verletzen, weil wir den Menschen verzeihen und sie lieben können. Denn wir seien dazu geboren, »zusammenzuarbeiten wie die zwei Hände eines Mannes«.

Niemand geht isoliert durchs Leben. Und wenn wir nicht gerade Heilige sind, werden wir bestimmt irgendwann von einem unserer Mitmenschen aus dem Gleichgewicht gebracht. Vergebung ist ein wichtiger Aspekt bewussten Lebens. Es ist deshalb so machtvoll, weil es uns das Loslassen erlittener Schmerzen ermöglicht, sodass Zufriedenheit an ihre Stelle treten kann.

Wenn Sie zulassen, dass Ihre Ziele und Absichten von alten Verwundungen geprägt werden, bringt Ihnen das nur noch mehr Schmerz ein. Denn wie sagt man so schön und so richtig? »Ein Finger zeigt auf den anderen, die drei anderen auf einen selbst.« Jede Emotion, die Sie aussenden, erhalten Sie dreifach zurück.

Wenn Sie Ihre Haltung dem Leben gegenüber nicht genau kennen, brauchen Sie sich nur umzusehen. Wie sagt man? Gleich und gleich gesellt sich gern. Das heißt

»Einen Fehler machen
und ihn nicht korrigieren,
das erst heißt wirklich
einen Fehler machen.«

KONFUZIUS

auch: Emotionen sind ansteckend. Zufriedene Menschen ziehen in aller Regel ihresgleichen an. Dasselbe gilt für friedvolle Leute. Allein durch unsere pure Existenz wirken wir auf andere ein.

Oft legen wir an andere strengere Maßstäbe an als an uns selbst. Ihnen kreiden wir Fehler an, die wir uns verzeihen. Doch solange wir die Welt in negative Energien aus der Vergangenheit gehüllt sehen, kommen wir nicht weiter. Vergebung ermöglicht es uns, das Verhalten eines Menschen von der Person als solcher zu unterscheiden. Das heißt nicht, dass wir das Vergangene vergessen, doch wir verzeihen die Fehler, die passiert sind, und schreiten auf unserem Weg voran.

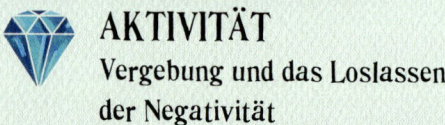

AKTIVITÄT
Vergebung und das Loslassen
der Negativität

Diese auf einer hawaiianischen Vergebungspraxis beruhende Übung stellt eine gute Möglichkeit dar, einem anderen Menschen zu verzeihen und von ihm freigesprochen zu werden.

1. Schließen Sie die Augen. Stellen Sie sich die betreffende Person vor, als würden Sie sie auf einer Bühne vor sich sehen. Nehmen Sie die schmale Silberschnur wahr, die Sie mit ihr verknüpft. In dieser Verbindung ist alles enthalten, was zwischen Ihnen war und ist: jedes Wort, das gefallen ist, jede Interaktion und alle gemeinsamen Erfahrungen.

2. Sind Ihre Gefühle diesem Menschen gegenüber positiver oder negativer Natur? Oder vielleicht auch beides?

3. Fragen Sie sich, ob Sie ihm für alles Gute gedankt haben, das er in Ihr Leben gebracht hat. Wenn nicht – jetzt können Sie es nachholen.

4. Sollte Ihnen dieser Mensch irgendetwas verzeihen? Oder umgekehrt? Jetzt kann alles Unausgesprochene gesagt werden.

5. Danken Sie diesem Menschen für alles, was Sie von ihm lernen konnten. Würdigen Sie die Entwicklung, die Sie ihm verdanken.

6. Lassen Sie ihn in Ihrer Vorstellung alles Notwendige aussprechen. Und sagen auch Sie: »Mir tut alles leid, womit ich dich verletzt habe. Was es auch gewesen sein mag.«

7. Erinnern Sie sich, wie gut es sich anfühlen kann, jemandem zu verzeihen. Sagen Sie jetzt: »Ich vergebe dir.« Und stellen Sie sich vor, dass Ihr Gegenüber auch Ihnen verzeiht. Auf diese Weise können Sie die Energien aller negativen Erinnerungen loslassen, die Sie psychisch noch belasten.

8. Fragen Sie die Person auf der Bühne dann: »Hilfst du mir, die beste Version meiner selbst zu werden?« Was antwortet sie?

9. Stellen Sie sich vor, Sie hätten ein weißes Lichtschwert, mit dem Sie nun die Verbindungsschnur zwischen Ihnen beiden zertrennen. Dabei lassen Sie alles Alte los. Und wenn Sie das nächste Mal in Liebe an diesen Menschen denken, bildet sich eine neue Schnur – frei von jeglichen Anhaftungen.

10. Lassen Sie diesen Menschen jetzt von der Bühne abtreten. Während er geht, umgeben Sie sich und ihn mit Licht. Licht ist eine machtvolle Metapher für das Loslassen jeglicher Negativität und das Voranschreiten in Güte, Freude und Mitgefühl.

5. Fertig, los!

»Lass dich stumm von jenem sonderbaren Sog dessen anziehen, was du wirklich liebst. Du wirst nicht in die Irre gehen.«

RUMI

Stimmen Sie Ihre Absichten aufeinander ab

Machen Sie sich zum Aufbruch in ein bewusstes Leben bereit. Die Ziele, die Sie sich jetzt setzen, bestimmen, worauf Sie – sowohl momentan als auch in der Zukunft – Ihre Energie und Ihre Zeit konzentrieren.

Mit den Jahren habe ich mich mit vielen Methoden befasst, sich Ziele zu setzen und Absichten zu fassen. Was ich dabei gelernt habe, ist, dass alle Wünsche und Entscheidungen Konsequenzen haben. Und dass man bei jeder Wahl, die man für sich selbst trifft, auch das große Ganze bedenken sollte.

Damit meine ich, dass Ihre einzelnen Ziele und Absichten in Einklang miteinander stehen sollten. Das Leben kann schrecklich schiefgehen, wenn Sie nur einen Aspekt davon in Betracht ziehen und die anderen vernachlässigen. So geht es etwa dem erfolgreichen Geschäftsmann, der wiederholt in der Liebe scheitert, oder der Frau, die eine wohltätige Organisation gründet, darüber aber ihre eigene Familie vergisst.

Fassen Sie Ihre Absichten also mit Bedacht und voller Respekt für alle Lebewesen, Sie selbst eingeschlossen.

Mein GROSSER Lebensplan

Stellen Sie sicher, dass die Gesamtheit Ihrer Absichten sowohl alles umfasst, was Sie sich vom Universum wünschen, als auch die Dinge, die Sie der Welt zurückgeben möchten. Am besten sind Ziele, die Ihr gesamtes Leben betreffen, auch den Alltag und ganz besondere Gelegenheiten.

Schreiben Sie auf oder sagen Sie laut:

◈ »Ich beabsichtige …«

◈ »Wichtig ist mir das, weil …«

◈ »Mein erster Schritt auf dieses Ziel hin ist …«

Die Formulierungen

Absichten sollten Sie immer in der Gegenwartsform formulieren. Denn so stimmt sich Ihre Vorstellungskraft bereits im Hier und Jetzt auf Ihr künftiges Leben und Ihr neues Selbst ein:

💎 »Ich habe fest vor …«

💎 »Ich bin jetzt …«

💎 »Ich habe jetzt …«

💎 »Was ich jetzt tue, ist …«

💎 »Was ich jetzt habe, ist …«

💎 »Ich bin jetzt der festen Überzeugung, dass …«

Mit der Vorstellung, Ihr Vorhaben sei schon realisiert, werden Sie dem Umstand gerecht, dass jeder Handlung Gedanken vorausgehen. Bevor Sie etwas erreichen können, müssen Sie daran glauben und es planen. Die Gegenwartsform signalisiert Ihrem Hirn, dass es hier nicht mehr nur um einen Wunsch geht, sondern um eine Entscheidung. Beschlossene Sache. Sie sind auf dem Weg …

Warum nehmen wir uns eigentlich nicht vor, gütig zu sein?

Wie der buddhistische Mönch und Friedensaktivist Maha Ghosananda, der auch als »Gandhi Kambodschas« bekannt war, einmal sagte, entsteht ein friedfertiges Herz durch Gutmütigkeit und Mitgefühl. Und friedfertige Menschen stecken andere mit ihrer Friedfertigkeit an.

Ein Mensch, der mit sich im Reinen ist, kann die ganze Welt zu einem friedlichen Ort machen, weil sich jede Absicht, die wir fassen, nicht nur auf uns selbst auswirkt, sondern auch auf andere. Diese Wirkung kann immer weiter um sich greifen. Im Zentrum des Buddhismus und anderer spiritueller Traditionen steht die Absicht, sanft zu sein, versöhnlich und gütig.

Wer mit Rücksicht und Güte behandelt werden möchte, sollte bei sich selbst anfangen. Überdenken Sie den Einfluss Ihrer Absichten möglichst gründlich: Wie wäre es, wenn sie allein von umfassender Güte gespeist würden? Würde das nicht viel mehr Freude, Glück und Liebe in die Welt bringen?

Die Welt ist selten so, wie wir sie uns wünschen. Oft herrschen Not, Qual und sogar Krieg. Doch können wir unsere Gedanken und unser Handeln selbst

bestimmen. Uns vornehmen, nicht brutal zu sein, sondern gütig.

Wir können entscheiden, ob wir den Tag mit Freude erleben und abends Dankbarkeit für alles empfinden möchten, was er gebracht hat.

Sie müssen nicht aggressiv werden, wenn Ihnen Aggressivität entgegengebracht wird. Sie müssen nicht auf Rache oder Vergeltung sinnen. Wer sich vornimmt, der Welt mit Verständnis und Güte zu begegnen, wird viel eher zu innerem Frieden finden.

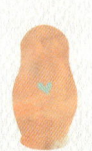    

Intentionen in allen Lebensbereichen

Holen Sie jetzt die Papiere noch einmal hervor, auf denen Sie bereits notiert haben, was Ihnen in den verschiedenen Lebensbereichen besonders wichtig ist. Überlegen Sie:

- Inwiefern möchten Sie sich als Mensch weiterentwickeln?

- Was möchten Sie zurückgeben?

- Was könnten andere Leute besonders wichtig finden?

- Welche Art von Herausforderung könnte Ihre Entwicklung fördern?

- Wie würden Sie auf kreativem Gebiet gern weiterkommen?

Notieren Sie sich auf der gegenüberliegenden Seite (oder einem Extrablatt) für jeden Lebensbereich spezielle Intentionen. Welcher dieser Bereiche ist Ihnen besonders wichtig? Was macht Sie und Ihr Umfeld glücklich?

 Fertig, los!

Familie

Beziehungen

Gesundheit und
Fitness

Abenteuer

Spirituelle Entwicklung

Kreativität

Mein Beitrag (für Menschen, Umwelt, Wohlbefinden)

Quickcheck

Die folgenden Fragen können Sie sich stellen, um zu überprüfen, ob Ihre Absichten im Einklang miteinander stehen. Nehmen Sie sich eine bestimmte Absicht vor und überlegen Sie, wie sie sich auf Ihr Leben auswirkt.

- Tut es mir gut?

- Wird es meiner Familie guttun?

- Wird es der Welt als Ganzer nützen?

- Welche Konsequenzen hat es für meine anderen Lebensbereiche?

- Bringt es mehr Harmonie in mein Leben?

- Macht es mich glücklicher?

- Bringt es mir größere Erfüllung?

- Was geschieht, wenn ich dieser Absicht zuwiderhandele?

- Was geschieht, wenn ich mich dieser Absicht entsprechend verhalte?

- Was geschieht *nicht*, wenn ich dieser Absicht folge?

- Was geschieht *nicht*, wenn ich dieser Absicht nicht folge?

Bitte kein übertriebenes Engagement

Eine bewusste Lebensführung setzt Engagement voraus. Zu viel des Guten aber kann verhindern, dass Sie Ihre Ziele erreichen.

Absichten sind keine Obsessionen oder Süchte. Sie haben nichts mit Notwendigkeiten zu tun und sind kein Imperativ irgendeiner Art. Es sind Entscheidungen, die sich auch wieder ändern können.

Woran Sie erkennen, ob Sie sich mit einer Absicht überidentifizieren? Fragen Sie sich:

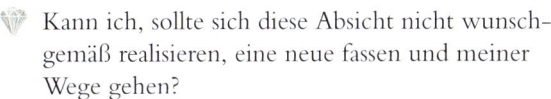

- ◈ Kann ich, sollte sich diese Absicht nicht wunschgemäß realisieren, eine neue fassen und meiner Wege gehen?

- ◈ Sollte meine Intention in dieser Form nicht das gewünschte Resultat haben, kann ich sie dann anders formulieren?

- ◈ Angenommen, meine jetzige Absicht hat nicht das gewünschte Ergebnis: Kann ich mich dann über das Mehr an Selbsterkenntnis freuen und mir auf dieser Basis ein neues Ziel setzen?

- ◈ Beobachte ich mit Neugier, was aus meinen Absichten wird, oder verfolge ich sie mit allzu großer Verbissenheit?

Fertig, los!

Handeln Sie

Eine Absicht ist lediglich ein Anfang und hat keinerlei Bedeutung, wenn Sie keine Handlungen folgen lassen. Den Diamanten bekommen Sie nur, wenn Sie sich in den Nebel hineintrauen, den Fluss überqueren, den Berg besteigen und darauf vertrauen, dass Sie auf dem richtigen Weg sind.

Wir alle wünschen der Welt und uns selbst nur das Beste. Aber etwas zu wollen oder es sich zu wünschen heißt noch lange nicht, auch darauf hinzuarbeiten. Wünschen ist passiv. Ein bewusstes Leben dagegen ist etwas Aktives, für das man sich täglich engagiert.

Nehmen Sie sich jeden Morgen beim Aufwachen
vor, einen weiteren Schritt zu machen, der Sie
der Realisierung Ihrer höchsten Absichten näher bringt
und Ihren Tagesablauf mit Freude erfüllt.

Fertig, los!

AKTIVITÄT
In sieben Schritten zu einer Absicht

Die folgenden Schritte empfehlen sich, um Ihre Absichten zu fassen, sie zu visualisieren und in den Alltag zu integrieren. Bleiben Sie dabei aber bitte flexibel und überlassen Sie die Details dem Universum.

1. Nehmen Sie Überzeugungen an, die Sie stärken.

2. Entscheiden Sie, was Sie verändern wollen.

3. Kommen Sie zur Ruhe und zentrieren Sie sich. Das wird Ihnen umso leichter fallen, je öfter Sie es versuchen.

4. Erklären Sie Ihre Absicht klar und in der Gegenwartsform. Denken Sie daran, was Sie jetzt sein, tun oder haben wollen, zum Beispiel: »Ich bin jetzt …«, »Ich mache jetzt …«, »Ich habe jetzt …«.

5. Stellen Sie sich vor, wie es ist, wenn sich Ihre Absicht realisiert. Visualisieren und spüren Sie es, als wäre es bereits Realität. Wie fühlen Sie sich, wenn Ihre Absicht Wirklichkeit wird, und zwar ohne Zweifel oder Kritik an sich selbst oder anderen?

Fertig, los!

6. Lösen Sie sich vom Ergebnis. Vertrauen Sie darauf, dass Sie nichts zu erzwingen und für nichts zu kämpfen brauchen.

7. Handeln Sie. Integrieren Sie Ihre Absichten in Ihren Tagesablauf, indem Sie so agieren, als könnte nicht der geringste Zweifel an ihrer Umsetzung bestehen. Aber bitte nicht verkrampfen. Am besten realisiert sich, was Sie mit Gelassenheit angehen. Das Wie und Wann können Sie getrost dem Universum überlassen.

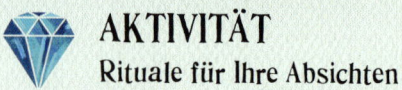

AKTIVITÄT
Rituale für Ihre Absichten

Jeder Tag schenkt uns einen neuen Anfang und ist eine Möglichkeit, Intentionen zu setzen, die uns in unserem Streben nach unseren Zielen, nach Glück und Wohlbefinden unterstützen. Diese Übungen helfen Ihnen, jeden Tag mit bewussten Intentionen zu beginnen und auch wieder abzuschließen.

Am Morgen

Machen Sie diese Aktivitäten, wenn Sie gerade aufgewacht sind und sich Ihr Gehirn noch im Alphazustand befindet – in einer entspannten und zugleich kraftvollen Schwingung, ähnlich wie in einer Meditation.

1. Seien Sie einfach ein paar Momente still. Lassen Sie Ihren Geist freudig den neuen Tag erwarten. *Wie möchte ich mich heute fühlen?*

2. Überlegen Sie sich Ihre Intentionen für diesen Tag. *Wie kann ich heute im Einklang mit meinen positiven Zielen vorangehen?* Stellen Sie sich diesen Tag als einen wirklich positiven und glücklichen vor.

3. Fragen Sie sich selbst: *Wie kann ich heute positive Energie an alle Menschen weitergeben, denen ich begegne, und auch an die Welt als Ganzes?*

4. Legen Sie Ihre Intentionen für den Tag fest. Vielleicht wollen Sie sie aufschreiben, um sich später daran erinnern zu können.

Am Abend

Hier sind sechs kraftvolle Fragen, die Ihnen helfen, auch am Ende des Tages ganz auf Spur mit Ihren Absichten zu bleiben. Fragen Sie sich selbst:

1. Bin ich heute bei meinen Intentionen geblieben?
2. Wofür bin ich heute dankbar?
3. Was hat mich heute glücklich gemacht?
4. Was habe ich heute im Sinne meines höchsten Zieles unternommen?
5. War ich heute mir selbst und anderen gegenüber voller Güte und Mitgefühl?
6. Was habe ich heute gegeben?

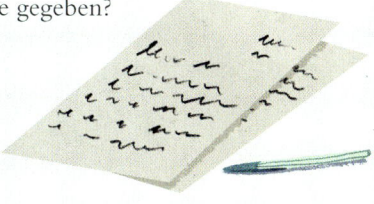

6. Erneuern

»Man muss so lange lernen,
als man noch Mangel
an Kenntnissen hat, also
solange wir leben.«

SENECA

Frischen Sie Ihre Absichten regelmäßig auf

Für neue Ideen ist man leicht Feuer und Flamme, aber beinahe ebenso schnell legt sich die Begeisterung auch wieder. Wie also können Sie sicherstellen, dass Sie auf lange Sicht motiviert bleiben, Ihren Intentionen gemäß zu leben?

Bewusst zu leben ist ein Prozess, in dem man sich Tag für Tag auf den Weg konzentriert, den man sich vorgenommen hat. In diesem Kapitel zeige ich Ihnen Möglichkeiten, bei der Stange zu bleiben und Ihre Absichten immer wieder zu erneuern, aufzufrischen und zuzuspitzen. Dabei können Ihnen die Erfahrungen, die Sie bislang mit ihnen gemacht haben, als Feedback dienen.

Bewusst leben ... phasenweise

Bestimmen Sie einen Zeitraum, in dem Sie das bewusste Leben einüben und sich daran gewöhnen. Beobachten – und spüren – Sie, wie sich Ihr Leben verbessert.

Beginnen Sie mit einer Woche. Legen Sie Ihre Absichten für die nächsten sieben Tage fest. Danach schauen Sie, was Sie in der Zeit getan haben und was in Ihrem Leben geschehen ist. Was soll so bleiben, was möchten Sie ändern? Fühlen Sie sich schon besser?

Mein Jahr des bewussten Lebens

Das ist schon ambitionierter. Besorgen Sie sich ein Notizbuch, einen Wandkalender oder erstellen Sie eine Tabelle. Ihr Planungsinstrument sollte so ansprechend sein, dass Sie immer gern darauf zurückkommen. Falls Ihnen ein Jahr zu lang ist, wählen Sie einen kürzeren Zeitraum.

- ◈ Schreiben Sie Ihr größtes Ziel auf, die übergreifende Absicht, die Sie keinesfalls aus den Augen verlieren wollen.

- ◈ Schauen Sie sich jetzt die Bereiche Ihres Lebens an, die im Zentrum Ihrer Bemühungen stehen und in denen Sie etwas verändern wollen, etwa Familie und Beziehungen sowie Gesundheit und Wohlbefinden. Angenommen, Sie haben sich für drei Bereiche und drei Monate entschieden. Dann können Sie sich jeden Monat einen Bereich vornehmen, Absichten fassen und diesen Bereich von Grund auf verbessern. Natürlich vernachlässigen Sie diesen Bereich nach dem Monat nicht völlig, jedoch hilft der festgesetzte Zeitraum, in dem Sie sich ganz darauf konzentrieren, neue Gewohnheiten zu etablieren. Er dient als eine Art Kickstart. Später können Sie für diesen Lebensbereich zusätzliche Absichten formulieren.

Schreiben Sie Ihre bedeutendste Absicht für den jeweiligen Monat auf und unterteilen Sie diesen Zeitraum in kleinere Einheiten, für die Sie sich bestimmte Aktivitäten vornehmen.

Und dann starten Sie einfach.

Mein bewusstes Leben – beispielhafter Jahresplan

MEIN GRÖSSTES ZIEL

Um vernachlässigten Tieren zu helfen, baue ich eine Art Gnadenhof auf.

🦴 JANUAR – WEITERBILDUNG

Ich nehme mir fest vor, mich über den Tierschutz zu informieren

MONATLICHE AKTIVITÄTEN

- für einen passenden Kurs anmelden
- jeden Montag Kursteilnahme
- Abschlussprüfung erfolgreich ablegen

Februar – Gesundheit und Wohlbefinden

Um genügend Energie zum Umsetzen meiner Pläne zu haben, nehme ich mir fest vor, gesünder zu leben.

MONATLICHE AKTIVITÄTEN

- mich im Fitnesscenter anmelden
- jeden Dienstag laufen gehen
- dreimal in der Woche Yogakurs
- acht Gläser Wasser pro Tag trinken

März – Tieren helfen

Ich nehme mir fest vor, weniger im Büro zu arbeiten, um mich ehrenamtlich in einem Tierheim engagieren zu können.

MONATLICHE AKTIVITÄTEN

- zwei Tage pro Woche von zu Hause aus arbeiten
- zunächst einen Tag in der Woche im Tierheim helfen
- mir täglich eine Stunde für die Planung des Gnadenhofs freihalten

Die magische Viertelstunde

Wie schnell fängt man etwas an und verliert dann die Lust daran. Hier nun kommt die »Macht der Fünfzehn« ins Spiel. Tun Sie etwas genau eine Viertelstunde lang, nicht mehr und nicht weniger. Das bringt enorm viel und fünfzehn Minuten kann schließlich jede(r) erübrigen.

Fünfzehn Minuten könnten Sie etwa für die Zubereitung eines gesunden Salates einplanen, wenn Sie abnehmen wollen, für die Jobsuche, zum Ausmisten im Kleiderschrank oder zur Planung Ihres ersten Romans.

Von selbst verbessern wir uns auf keinem Gebiet, der Fortschritt ist eine Schnecke. Die Durchschlagskraft der fünfzehn Minuten ist deshalb so groß, weil sie uns beinahe unbemerkt in eine Aktivität hineinziehen. So bewegen wir uns sukzessive auf etwas zu, ohne an Elan zu verlieren.

Diese kurzen Aktivitätsphasen sorgen dafür, dass Ihre Begeisterung nicht nachlässt. Im Gegenteil, sie wächst.

Brauchen Sie Hilfe, bitten Sie eine geeignete Person um fünfzehn Minuten ihrer Zeit. So viel kann jeder abknapsen.

Dreimal fünfzehn = Erfolg

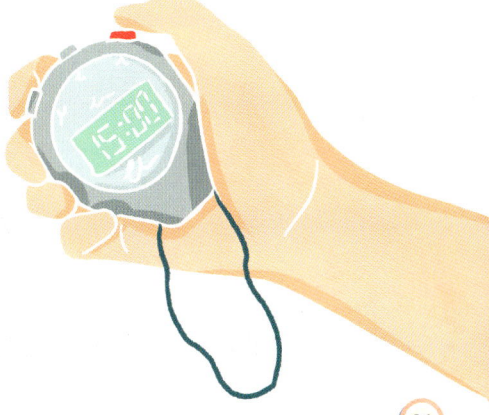 Machen Sie nach den ersten fünfzehn Minuten eine Pause.

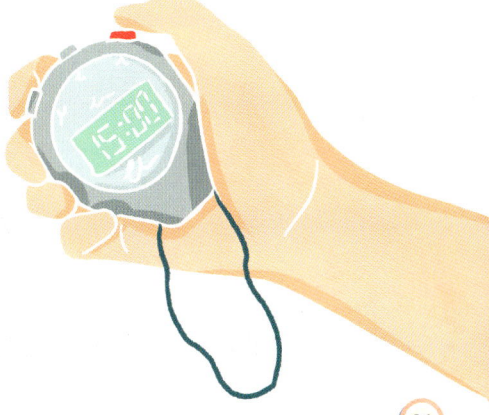 Nach den nächsten fünfzehn Minuten belohnen Sie sich.

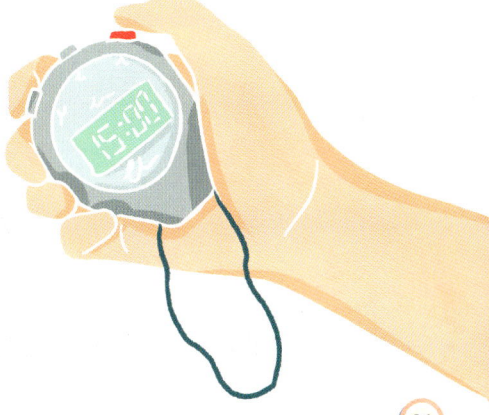 Und dann machen Sie noch mal fünfzehn Minuten weiter.

Und, wie lange wollen Sie jetzt noch? Vermutlich viel länger, als Sie ursprünglich gedacht hätten.

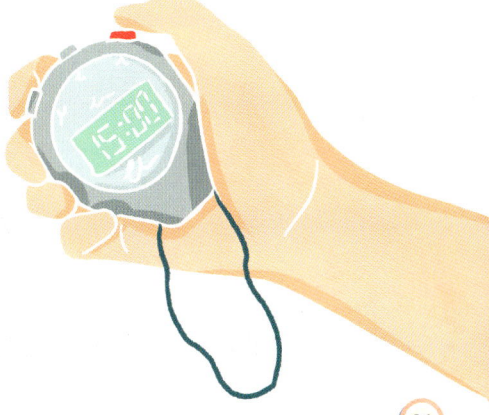

Entrümpeln Sie Ihr Leben

Falls Sie meinen, Sie hätten nicht genügend Zeit, sich auf Ihre Pläne zu konzentrieren, sollten Sie Ordnung in Ihr Leben bringen. Viele von uns sammeln im Laufe der Jahre viel zu viel Zeug an. Überlegen Sie also, was Sie für den Start in Ihr neues Leben behalten und wovon Sie sich trennen wollen.

Fangen Sie zu Hause an. Wie viel Kram benutzen und brauchen Sie *wirklich*? Bücher, Klamotten, Töpfe und so weiter. Gewöhnen Sie sich an, regelmäßig auszumisten. Das schafft sowohl in Ihrem Lebensumfeld als auch im Kopf Ordnung. Probieren Sie eine Woche lang, von wie vielen Dingen Sie sich trennen können und wie viel leichter Sie sich danach fühlen. Dann eine weitere Woche.

Wie ist es mit Ihren Freundschaften: Halten Sie um ihrer selbst willen an ihnen fest? Werden diese Menschen Sie in Ihrem neuen Leben unterstützen? Überlegen Sie, wer Ihnen wirklich am Herzen liegt, und verbringen Sie mehr Zeit mit dieser Person.

Sagen Sie auch mal Nein. Zunächst in unwichtigen Dingen. Sagen Sie Nein, wenn Sie etwas nicht tun wollen. Es fällt Ihnen schwer? Dann nehmen Sie sich vor, das Neinsagen zu lernen, indem Sie es üben. Übung steht am Anfang jeder Gewohnheit.

Bewusste Momente

Kleine bewusste Momente bieten die Möglichkeit, schnell ein wirkungsvolleres Lebens für sich und andere zu etablieren. Indem Sie täglich ganz bewusst kleine Inseln der Freude, Güte oder des Mitgefühls kreieren, können Sie Ihr ganzes Leben in Einklang mit Ihren Zielen bringen. Hier zwei Beispiele. Haben Sie noch andere?

◆ Üben Sie sich eine Woche lang täglich in praktizierter Güte, indem Sie Freunden helfen, Geld spenden oder Fremden einen Kaffee ausgeben.

◆ Nehmen Sie sich Zeit für Gespräche. Legen Sie Ihr Smartphone weg, um sich mit Leuten zu unterhalten. Fällt Ihnen auf, wie gut Sie sich danach fühlen?

Die Nudge-Theorie

Wir Menschen sind nicht perfekt. Wir sind keine Roboter, die rein rational immer nur die besten Entscheidungen treffen. Wir nehmen uns Dinge vor und finden dann keine Zeit dafür. Unsere Priorität gilt nicht immer dem wirklich Wichtigen, sondern oft Dingen, die unsere sofortige Aufmerksamkeit verlangen. Deshalb fragen wir uns oft, was wir im vergangenen Jahr – oder gar Jahrzehnt – eigentlich erreicht haben.

Die Nudge-Theorie verdankt ihre wachsende Popularität den amerikanischen Professoren Richard Thaler und Cass Sunstein. Sie erkannten, dass Menschen für gute Entscheidungen oft nur eines kleinen Anstoßes in die richtige Richtung bedürfen.

Wie Sie die Nudge-Theorie nutzen können, um Ihren Intentionen treu zu bleiben? Zum Beispiel mit einfachen Erinnerungen.

◈ Denken Sie an das nächste Jahr, den nächsten Monat oder die nächste Woche: Was wollen Sie in der Zeit erreichen?

◈ Schreiben Sie sich Ihre Ziele in den Kalender. Denken Sie dann an Ihre ersten geplanten Maßnahmen und ergreifen Sie sie sofort.

💎 Aktivieren Sie die Erinnerungsfunktion Ihres Smartphones, damit Ihnen nichts durch die Lappen geht. Am besten zum jeweiligen Termin, zusätzlich aber gern auch auf halber Strecke.

💎 Sollten Sie – aus welchen Gründen auch immer – in Zeitverzug geraten, korrigieren Sie Ihren Zeitplan so, dass Sie schnellstmöglich wieder auf dem richtigen Weg sind.

Bleiben Sie neugierig

Ein perfektes Leben hat niemand von uns. Aber wir können dem Glück auf die Sprünge helfen, indem wir neugierig bleiben. Manche Menschen kennen ihre Lebensaufgabe von Anfang an und wissen auch genau, wie sie sie erfüllen. Wir anderen nähern uns dem Sinn, dem wir unserem Leben geben, Stück für Stück an, durch Erkunden, Experimentieren und Neugier.

Geleitet wird das bewusste Leben von einem Ziel, das aber nicht in Stein gemeißelt ist, sondern flexibel und veränderlich. Sich umzuentscheiden ist völlig in Ordnung. Erzielen Ihre Absichten und die entsprechend getroffenen Maßnahmen nicht das gewünschte Ergebnis, müssen Sie etwas ändern.

Für neugierige Menschen ist jedes Ergebnis ein Feedback. Nehmen Sie dieses Feedback, um Ihre Absichten zu variieren und Ihr Tun zu verbessern.

Finden Sie heraus, wer Sie sind.

Lernen Sie täglich etwas Neues über sich hinzu.

Starten Sie noch einmal, erneuern Sie, frischen Sie auf.

Bleiben Sie weich

Erinnern Sie sich an
den Fluss und den
Berg, die zwischen
Ihnen und dem Dia-
manten standen?
Hindernisse können
schrecklich wirken, uns
aber auch stärker, klü-
ger und entschlossener
machen.

Wer bewusst lebt, lernt
aus Hindernissen. Denn
die wichtigsten Erkennt-
nisse über sich selbst, das
eigene Leben und das der anderen resultieren
nicht aus einem stillen, gleichmäßigen Fluss der Ereig-
nislosigkeit, sondern aus Neugier und Wissensdurst.

Sollten Sie demnächst in irgendeinem Lebensbereich
auf ein Hindernis stoßen, fragen Sie sich: »Was kann
ich daraus lernen? Wie kann ich von dieser Lektion
profitieren?« Auch Ihr Blick auf Hürden wird von Ihrer
Lebenseinstellung geprägt.

AKTIVITÄT
Gestalten Sie ein Symbol für Ihre Absicht

Eine tolle Möglichkeit, sich stets an Ihre Absichten zu erinnern.

Besorgen Sie sich Modelliermasse für Kinder, die nicht gebrannt werden muss. Sobald Sie etwas Zeit für sich haben, ziehen Sie sich an einen Ort zurück, an dem ein wenig Schmutz nichts ausmacht.

1. Denken Sie an Ihre Absichten.

2. Dabei halten Sie die Modelliermasse in der Hand und fangen an, sie umzuformen. Lassen Sie zu, dass Ihre Intention bei dieser Meditation Ihre Finger leitet.

3. Die Form, die entsteht, wird zum Symbol für Ihre Absicht. Später können Sie sie noch anmalen oder anderweitig verfeinern.

4. Anschließend stellen Sie Ihr Symbol so auf, dass Sie es täglich sehen.

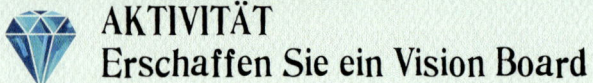

AKTIVITÄT
Erschaffen Sie ein Vision Board

Ein Vision Board herzustellen macht Spaß, und wenn Sie es an einer Stelle aufhängen, an der Sie es täglich sehen, wird es zu einer Aufforderung an Sie, Ihre gefassten Absichten zu überprüfen und gegebenenfalls zu ergänzen oder zu erneuern.

1. Tragen Sie Ihr Material zusammen: eine Tafel oder eine große Pappe, Reißzwecken oder Klebstoff, eine Schere.

2. Sammeln Sie außerdem Bilder, die das symbolisieren, was Sie in Ihr Leben bringen wollen – auf den Gebieten Beruf, Liebe, Reise, Bildung, künftige Leistungen und so fort. Sie können die Bilder zum Beispiel aus Zeitschriften ausschneiden oder aus dem Internet herunterladen und ausdrucken.

3. Wählen Sie farbige Bilder, die Ihnen *wirklich* zusagen. An Ihr Board gehören nur Dinge, die Sie auch inspirieren.

4. Arrangieren Sie die Bilder zu einer Collage an der Tafel oder auf Ihrer Pappe. Treten Sie dann einen Schritt zurück und schauen Sie, ob die Bilder tatsächlich Ihren Träumen und Intentionen entsprechen. Korrigieren Sie entsprechend.

5. Hängen Sie Ihr Board an einer Wand auf, an der Sie es täglich sehen. Und vergessen Sie nicht, es zu aktualisieren.

Nutzen Sie Ihre rechte Hirnhälfte

Ein Vision Board hilft Ihnen, das Leben, das Sie sich erschaffen wollen, in angenehme Bilder zu fassen, und trägt so dazu bei, dass Sie Ihr Ziel nicht aus dem Auge verlieren. Es aktiviert Ihre rechte Hirnhälfte, die für Kreativität zuständig ist, während die linke für Logik und Rationalität steht.

Der Fuchs und der Igel

Der alte griechische Lyriker Archilochos interessierte sich für die Wesensunterschiede zwischen Füchsen und Igeln.

Füchse sind sowohl anpassungsfähig als auch klug und verfügen über verschiedene Techniken zu jagen, Futter zu stehlen und in Sicherheit zu bringen. Sie kennen viele Tricks und kommen mit allerlei Situationen klar.

Igel sind einfacher gestrickt und kennen nur eine einzige Überlebenstaktik. Klein und stachelig, wie sie sind, rollen sie sich bei Gefahr zusammen und verlassen sich zu ihrem Schutz auf ihren Stachelmantel. Diese eine Sache können sie extrem gut.

Für ein bewusstes Leben lernt man am besten von beiden Tieren etwas. Behalten Sie also wie der Igel stets Ihr größtes Ziel im Sinn. Und lernen Sie, angesichts von Hindernissen flexibel zu werden wie ein Fuchs.

»Der Fuchs weiß viele Dinge, aber der Igel
weiß eine große Sache.«

ARCHILOCHOS

Zum guten Schluss

Wie ich hoffe, konnte ich mit diesem Büchlein einige neue Ideen und Inspirationen in Ihr Leben bringen. Das bewusste Leben ist eine Reise. Und während Sie sich im Nebel auf den Diamanten zubewegen, verfügen Sie hoffentlich über genügend Selbstbewusstsein und wissen, dass Sie diese Reise genau zur richtigen Zeit und am richtigen Ausgangspunkt beginnen.

Etwas noch, bevor ich Ihnen ein wunderbares bewusstes Leben wünsche: Das Leben ist ein Mannschaftssport und für jede große Unternehmung braucht man Hilfe, selbst wenn am Ende eine einzige Person der große Star ist und den gesamten Ruhm einheimst. Sobald Sie die Welt um Hilfe bitten, werden Sie erstaunt zur Kenntnis nehmen, dass genau die richtigen Menschen in Ihr Leben treten.

Das Leben ist kein einsames Unterfangen. Unterwegs werden Sie Freundschaften schließen. Andere Leute unterstützen Sie mit Ideen und Wissen oder steuern sonstige Ressourcen bei. Und obwohl Ihre Absichten womöglich zutiefst persönlicher Natur sind, werden Sie Menschen finden, die Ihnen auf dem Weg behilflich sind. Sie müssen einfach nur fragen oder eine Bitte äußern.

Und nun wünsche ich Ihnen *bon voyage*, eine gute Reise und herrliche neue Abenteuer.

»Sei in diesem
Moment glücklich,
denn dieser Moment
ist dein Leben.«

OMAR CHAYYĀM

Dank

Ein großes Dankeschön geht an Diana, Sal und Jane. In Hawaii sind wir gemeinsam zu dieser Reise aufgebrochen, und ich freue mich, dass ihr nach all den Jahren heute noch Teil meines Lebens seid. Auch danke ich Sarah, die immer so weise ist, sowie meinen Vorbildern: den vielen Lehrerinnen und Lehrern, die ich im Laufe der Zeit hatte, besonders aber Tad, John, Julie, David und Donald.

Ferner gilt mein Dank allen bei Octopus (dem Verlag der englischen Originalausgabe), besonders Leanne, Polly, Juliette und Emily. Dank auch an Mandy und Clare, die meinen Text geglättet haben. Und an Abi: Deine Illustrationen haben meinen Ideen Leben eingehaucht.

Zu guter Letzt danke ich meiner Mutter, von der ich auch heute noch bei jedem Gespräch etwas lernen kann.